À LA RECHERCHE DU TEMPLE DE WEN SÉ

L'utilisation d'un portable n'est pas indispensable pour jouer.

Configuration minimum : Android 5 et iOS 9 pour une durée de 3 ans minimum. Larousse se réserve la possibilité d'arrêter l'utilisation des QR Codes à l'expiration de cette période de 3 ans.

Direction de la publication : Carine Girac-Marinier

Édition : Antoine Caron

Direction artistique : Uli Meindl

Conception artistique : Sophie Rivoire

Mise en pages : Nord Compo

Illustrations scènes : Guillaume Boutanox

Fabrication : Marlène Delbeken

ISBN : 978-2-03-598103-5

POCHE ESCAPE GAME

À LA RECHERCHE DU TEMPLE DE WEN SÉ

Nicolas Trenti

LAROUSSE

PRINCIPE ET RÈGLES DU JEU

Les ESCAPE GAMES de poche

Les scénarios des ESCAPE GAMES de poche vous permettent de vivre des aventures littéraires à la croisée des *Escape Games* classiques, des jeux vidéo d'aventures type *Point'n'Click* et des Livres dont vous êtes le héros ®.

Enfermé dans une salle, vous devez explorer votre environnement et utiliser les objets à votre disposition pour vous échapper en un temps limité. Observation, réflexion et imagination vous guideront vers la sortie.

Le livre se décompose en plusieurs sections :

L'introduction

Ce texte précise le contexte de votre aventure. À la fin de la lecture de cette introduction, lancez le chronomètre. Désormais, votre temps est compté !

Toutefois, si vous ne parvenez pas à sortir dans le temps imparti, rien ne vous empêche de continuer vos recherches au-delà des 60 minutes requises.

Les salles

Chaque salle (S1, S2, ...) dans laquelle vous pénétrez au cours de votre aventure vous est décrite en quelques paragraphes.

Soyez attentif à ces descriptions et prenez des notes sur une feuille, en inventoriant notamment les objets que vous découvrez.

Chaque objet est répertorié par deux initiales (par exemple : **PO** pour **porte**). Ces lettres sont utiles pour effectuer des actions sur ces objets (voir paragraphe suivant : **Décodeur**).

Un modèle de **feuille de route** vous sera proposé à l'issue de la lecture de la salle **S1**. Il comprend quelques exemples pour guider vos premiers pas et bien adopter la mécanique du jeu.

Attention : chaque aventure se déroulant dans plusieurs salles, ne lisez le descriptif d'une salle que si vous y avez été expressément invité.

Gardez bien en tête également qu'un objet trouvé dans une salle pourra, sauf indication contraire, être utilisé dans une des pièces suivantes.

Le « Décodeur »

Pour effectuer une action sur un objet, il suffit d'associer le code d'une **action (2 lettres)** et les initiales de l'**objet (2 lettres)** pour former un **mot-code de 4 lettres**.

Grâce au Décodeur, chaque mot-code de 4 lettres que vous formez vous renvoie à une combinaison de 4 chiffres : ce numéro correspond au paragraphe qui va vous décrire le

Les actions possibles

• EX pour **examiner**, regarder attentivement : cette action permet d'accéder à une description approfondie, minutieuse et très instructive de l'objet en question. Il s'agit d'une action souvent indispensable pour découvrir de précieux indices ;

• OU pour **ouvrir**, allumer ;

• DE pour **déplacer**, secouer, renverser, pousser ;

• IN pour obtenir un **indice** sur la façon d'utiliser un objet, notamment si vous êtes bloqué dans votre aventure.

Si le premier indice ne vous aide pas, un second indice plus précis pourra vous être proposé. Notez sur votre feuille de route le nombre d'indices consultés.

résultat de votre action. Ces paragraphes sont disponibles dans la partie **Révélations**. Il y a donc une multitude de combinaisons et de paragraphes différents qui vont vous conduire vers des histoires alternatives, vous donner des indices pour accéder à la sortie ou... à des culs-de-sac !

Attention : pour former un mot-code, il faut toujours respecter l'ordre suivant : **code de l'action puis initiales de l'objet.**

Par exemple : pour ouvrir (**action** OU) le **tiroir** TI, il faut se reporter à la combinaison inscrite en regard du code OUTI dans le Décodeur.

Il est également possible de combiner deux objets, de manière à les utiliser l'un avec l'autre. Pour cela, il suffit d'associer les initiales des objets. Par exemple, pour utiliser la **clé en argent** CA sur le **tiroir** TI, il suffit de se reporter à la combinaison inscrite en regard du code CATI.

Au cours de votre aventure, vous pourrez également être confronté à des **cadenas**, **digicodes**, **systèmes de verrouillage**… qui nécessitent systématiquement une combinaison à quatre chiffres. Dans ce cas, une fois que vous aurez résolu l'énigme et trouvé les chiffres en question, il vous suffira de vous reporter directement au paragraphe correspondant dans la partie **Révélations** (voir paragraphe suivant). Si vous ne trouvez pas de paragraphe pour la combinaison envisagée, c'est tout simplement que ce code n'est pas le bon. Continuez à chercher un peu, et n'oubliez pas de faire appel à un indice si vous êtes bloqué.

Les « Révélations »

Le chapitre Révélations vous permet de découvrir le **résultat** d'une action, d'une association d'objets ou de la saisie d'un code. Ces paragraphes numérotés en fonction des actions et des objets choisis vont vous permettre de trouver de nouveaux indices, d'ouvrir de nouvelles salles… ou pourront s'avérer totalement inutiles ! Laissez-vous guider par le paragraphe correspondant à la combinaison en question.

Certains paragraphes vous invitent à vous défausser d'objets dont vous n'aurez plus l'utilité. Vous pouvez alors les barrer de votre feuille de route.

Certaines combinaisons peuvent également vous pénaliser : vous pourrez perdre des minutes précieuses, ou même perdre la partie ! Soyez prudent !

La conclusion

Cette partie du livre résume le dénouement de votre aventure, à ne lire que lorsque vous serez parvenu à sortir de la dernière salle et que vous y aurez été invité. Vous découvrirez alors votre score final, en fonction du temps écoulé et du nombre d'indices consommés.

Les solutions

En fin d'ouvrage, retrouvez l'intégralité des solutions et du raisonnement à suivre pour vous échapper. À ne lire qu'en cas d'extrême nécessité !

Jouez aussi avec votre Smartphone !

Afin d'optimiser votre temps de recherche ou pour vous permettre de jouer à plusieurs simultanément, vous pouvez également utiliser votre Smartphone.

Après avoir lu l'introduction et le descriptif de la première salle dans le livre, rendez-vous à l'adresse suivante :

https://escape-game.larousse.fr/poche/temple_wen-se.html

Vous pouvez aussi scanner le Flashcode ci-dessous :

Par l'intermédiaire de cette page, vous pourrez effectuer les mêmes actions qu'en parcourant le livre et découvrir immédiatement le texte des paragraphes correspondant à vos déductions.

Le principe de recherche reste d'ailleurs le même. Par l'intermédiaire d'un champ de saisie, vous pourrez entrer, au choix :

• **un mot-code de 4 lettres,** correspondant à l'association d'une action et d'un objet, ou à l'assemblage de deux objets entre eux (OUTI, PIMO, etc.) ;

• **une combinaison de 4 chiffres**, correspondant à un code à découvrir au cours de vos recherches.

Dans les deux cas, le paragraphe correspondant apparaît immédiatement à l'écran.

Un chronomètre, un historique cliquable des actions précédentes et un inventaire guident également vos recherches.

Quoi qu'il en soit, conservez toujours le livre à portée de main : il reste indispensable pour lire la description des nouvelles salles, des objets et la conclusion de votre aventure.

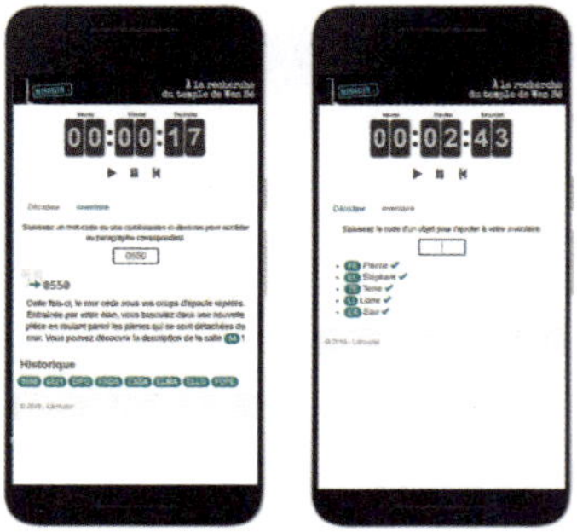

Le livre vous permettra également, en vous reportant aux paragraphes indiqués, de découvrir les visuels de certaines énigmes dans une meilleure résolution.

**Vous vous sentez désormais fin prêt ? Parfait !
Commencez par lire l'introduction, et laissez-vous
guider par les indications contenues
dans le texte… Bonne chance !**

INTRODUCTION

Le temple de Wen Sé

Depuis près d'une demi-heure, vous vous frayez tant bien que mal un chemin dans une épaisse jungle, espérant à chacun de vos pas apercevoir entre les branchages l'entrée du temple dont vous rêvez depuis si longtemps.

Le parchemin découvert à la bibliothèque de Venise la semaine dernière indiquait l'emplacement sans la moindre ambiguïté. C'est certain, le temple de Wen Sé n'est plus qu'à quelques centaines de mètres maintenant.

Le temple de Wen Sé... Un rêve d'enfant, une passion obsédante, transmise par votre vieux père, l'un des plus grands aventuriers de son époque, sur son lit de mort. Alors que vous n'avez jamais été aussi proche de la découverte de votre vie, vous, Elsa Jayne Gody, docteure ès Histoire et civilisations, vous vous souvenez des derniers mots de votre géniteur : « Il existe, quelque part en Asie du Sud-Est, entre le tropique du Cancer et l'équateur, le temple sacré de Wen Sé, qui renferme un diamant d'une pureté absolue et d'une valeur inestimable... »

Vous n'avez jamais pu oublier cette phrase, à l'origine de votre vocation, et vous avez dédié de nombreuses années de votre vie à cette quête : études d'archéologie, recherches en bibliothèque, expéditions et fouilles sur le terrain, collecte d'informations auprès des populations locales...

En près de vingt ans, vous êtes parvenue à rassembler de précieux indices sur le temple. Baptisé Wen Sé par les premiers explorateurs anglais au XVIIIe siècle, par déformation d'un dialecte local, le temple fût bâti par le peuple Lawa'o pour protéger le diamant le plus convoité de la planète. Il abrite d'après la légende quatre salles, chacune d'elles étant dédiée à l'une des forces élémentaires de la tribu : la terre, la lumière, l'eau et le feu. Pour protéger le trésor, le peuple Lawa'o aurait truffé le temple de pièges et d'énigmes, afin que seul l'aventurier le plus méritant puisse parvenir à dénicher le diamant...

Lorsque vous avez découvert les coordonnées de Wen Sé, au cœur du Cambodge, vous avez préparé l'expédition en toute hâte. Hors de question qu'un autre aventurier vous dame le pion ! Après un vol long-courrier et plusieurs heures de 4 × 4, vous avez rejoint un petit aéroport en bordure de la jungle. De là, un pilote d'hydravion a accepté – moyennant une épaisse liasse de billets – de vous déposer en pleine forêt, sur le lit du fleuve Ea H'leo.

Après l'amerrissage, vous avez remonté le cours d'eau à pied sur plusieurs centaines de mètres, avant de vous enfoncer dans la jungle luxuriante, vous repérant grâce à diverses instructions déchiffrées sur le parchemin.

Accompagnée par le chahut des singes et les chants d'oiseaux, vous continuez à progresser au milieu des palmiers, malgré la fatigue et la chaleur étouffante.

Soudain, alors que les doutes commençaient à vous envahir, vous apercevez derrière un épais rideau de lianes l'entrée du temple de Wen Sé !

Au milieu des racines d'un arbre centenaire, une voûte de pierre surplombe un étroit escalier dans lequel vous vous engouffrez, tentant de contenir votre émotion et votre excitation.

En pénétrant dans une première salle, vous posez le pied sur une dalle gravée de symboles anciens qui s'enfonce sous votre poids. Aussitôt, une cloison de pierre se referme sur l'entrée derrière vous. Votre impatience vous a joué un mauvais tour, vous voilà prise au piège…

Pire encore ! Plus tôt dans la journée, votre pilote d'hydravion s'était montré intransigeant : sans nouvelles de votre part à la tombée de la nuit, il reprendrait son chemin, vous abandonnant sans le moindre scrupule au milieu de la jungle.

Vous ne pouvez donc pas vous permettre de moisir ici très longtemps. Compte tenu du temps nécessaire pour regagner la rivière, vous n'avez guère plus de soixante minutes devant vous...

Soixante minutes pour trouver le diamant et vous échapper du temple de Wen Sé !

Lancez le chronomètre, et rendez-vous en salle S1.

LA TANIÈRE DE L'ÉLÉPHANT

MISSION :
À la recherche du temple de Wen Sé

SALLE S1 - LA TANIÈRE DE L'ÉLÉPHANT

EL
TE
+ FE

La Tanière de l'Éléphant

Dans votre dos, une épaisse paroi de pierre vous bloque désormais la sortie. Pour vous échapper, vous devrez sans doute trouver un mécanisme permettant de libérer la voie. Mais avant de songer à votre évasion, autant profiter de l'heure qu'il vous reste pour fouiller le temple à la recherche du diamant.

Les murs de pierre de la salle où vous vous trouvez, recouverts de mousse et de **lianes** LI, culminent à une dizaine de mètres de haut et se rejoignent en une voûte creusée dans la roche. Le sol, quant à lui, est recouvert d'une terre battue couleur ocre.

De l'autre côté de la salle, une majestueuse **sculpture d'éléphant** EL, réalisée à même la pierre, occupe l'ensemble du mur qui vous fait face. En observant le pachyderme de roche, haut de près de cinq mètres, des textes anciens découverts au cours de vos recherches sur le temple vous reviennent en tête : il s'agit de l'animal symbolisant, pour le peuple Lawa'o, la force élémentaire de la **terre**. Vous voilà confrontée à la première épreuve de Wen Sé, connue sous le nom de « Tanière de l'Éléphant » !

Entre vous et la sculpture se dresse un piédestal de trois mètres de côté environ. Quatre marches de pierre vous séparent du sommet de la plateforme, surmontée d'une large dalle de forme arrondie gravée de symboles. Vous ne comprenez pas encore le but de cette construction, mais vous devinez déjà qu'elle jouera un rôle majeur dans votre progression.

Dans un coin de la pièce, à proximité d'un petit monticule de **terre meuble** **TE**, vous frémissez en découvrant les restes d'un squelette humain. Ainsi, vous n'êtes pas la première personne à vous hasarder dans le temple : un autre aventurier a découvert avant vous l'emplacement de Wen Sé ! Le pauvre homme a dû se retrouver piégé à l'intérieur, sans parvenir à progresser vers la deuxième salle, dépensant sans doute toutes ses forces pour trouver une issue, jusqu'à l'épuisement. Une fin atroce à laquelle vous préférez éviter de songer pour le moment...

Autant rester concentrée sur votre quête ! Quelque part dans ce temple se cache le diamant le plus précieux du monde. Vous allez devoir fouiller cette première salle, en mettant à profit les objets à votre disposition.

Pour vous aider dans votre aventure, vous pourrez compter sur votre **arc et ses flèches**, que vous emportez avec vous au cours de chacune de vos expéditions. Vous maniez d'ailleurs l'arc à la perfection : pour viser un objet, il suffit de combiner une **flèche** **FE** avec l'objet en question.

Votre arc fétiche vous a déjà tirée de bien mauvais pas par le passé. Espérons qu'il vous porte à nouveau bonheur dans l'exploration du temple de Wen Sé...

OBJETS

- FE Flèches
- EL Éléphant
- LI Liane
- TE Terre meuble

NOTES

- Comment sortir du temple de Wen Sé ?
- Où se trouve le diamant ?
- Comment accéder à la deuxième salle ?

LA FEUILLE DE ROUTE

S'il s'agit de votre première aventure et que vous souhaitez un peu d'aide pour débuter, n'hésitez pas à lire les pages suivantes qui vous guideront dans vos premiers pas.

Si vous êtes déjà familier avec la mécanique du jeu et que les règles n'ont pas de secret pour vous, vous pouvez vous dispenser de cette introduction et vous lancer par vous-même !

Vos premiers pas…

Dans cette salle où vous vous trouvez enfermée, la monumentale sculpture d'éléphant qui orne tout un pan de mur attire en premier lieu votre attention. Un examen approfondi de ce haut-relief s'impose !

Pour cela, il vous suffit de combiner l'action **Examiner** EX avec l'objet **Éléphant** EL. Vous formez ainsi le **mot-code** EXEL, que vous cherchez dans le **Décodeur** (dans le livre, ou sur la version Internet du Décodeur). En regard de ce mot-code figure la combinaison **1050**, qui correspond au numéro du paragraphe auquel vous devez vous reporter dans la section **Révélations** du livre.

→ 1050

Cet éléphant, sculpté à même la roche, doit mesurer près de cinq mètres de haut et occupe toute une paroi de la salle dans laquelle vous êtes enfermée. Votre expérience

d'aventurière vous amène à penser que le pan de mur entre ses deux pattes avant doit pouvoir coulisser pour déboucher sur une deuxième pièce. Encore faut-il trouver le mécanisme à actionner pour y parvenir...
En vous rapprochant, vous pouvez admirer la précision de la sculpture et, bien au-dessus de votre tête, un détail attire votre attention : la **défense** SE gauche de l'éléphant ne semble pas tout à fait solidaire du reste de la structure !

Pour éviter de l'oublier, vous ajoutez aussitôt ce nouvel objet à votre **inventaire**. Votre premier réflexe serait de tenter de tirer sur cette défense pour actionner un mécanisme.

Vous utilisez donc cette fois l'action **Déplacer** DE (qui permet de retourner, secouer, tirer ou pousser un objet) sur l'objet **défense** SE. Le mot-code DESE ainsi formé vous renvoie cette fois vers le paragraphe **2170** :

→ 2170

Impossible d'atteindre la défense depuis le sol pour l'actionner, et la paroi du mur est bien trop lisse pour tenter toute escalade... Il va falloir trouver une autre solution pour manipuler cette défense.

Vous vous souvenez alors des **lianes** LI qui recouvrent un des murs. Peut-être qu'en lançant une de ces lianes vers la défense, vous parviendrez à actionner le mécanisme ?

Pour utiliser la **liane** LI sur la **défense** SE, c'est au mot-code LISE que vous devez vous référer dans le **Décodeur**. Il vous renvoie vers le paragraphe **8270** des **Révélations** :

→ 8270

Avec une longue liane torsadée suffisamment souple, vous tentez de confectionner un lasso de fortune pour atteindre la défense, à trois mètres au-dessus de vous. Au troisième essai, la boucle du lasso se referme sur la défense. Bien joué ! Vous tirez de toutes vos forces sur la corde et la défense se met à pivoter. Aussitôt, dans un grognement, la dalle qui occupe le centre du piédestal commence à s'élever, formant un **pupitre** PI au milieu de la salle.

Votre dextérité et votre malice ont payé, bravo ! Vous avez un nouvel objet à ajouter à votre inventaire, le **pupitre** PI, qu'il vous faudra très certainement examiner de plus près par la suite…

En attendant, il reste un dernier objet de la pièce sur lequel vous n'avez pas encore porté votre attention : cette **terre meuble** TE, juste à côté du squelette du malheureux explorateur qui vous a précédée en ces lieux…

Pour creuser la terre, l'action DE (**Déplacer**) paraît la plus adaptée. Combinée à la **terre meuble** TE, elle forme le mot-code DETE, qui vous renvoie vers le paragraphe **1020**.

→ 1020

À mains nues, vous commencez à creuser le sol. La terre est relativement meuble, signe qu'un objet a dû être enterré ici. Très vite, vous parvenez en effet à déterrer un **sac de toile** **SA**.
Vous comprenez que l'explorateur qui vous a précédée et dont il ne reste plus que le squelette a dû enfouir sa besace ici, sentant la mort approcher...

Encore un objet à ajouter sur votre liste… Et autant de nouvelles pistes à explorer !

Vous voilà désormais parfaitement familier avec la mécanique de jeu. Et surtout, n'oubliez pas : si vous vous retrouvez bloqué, vous pouvez aussi demander un **indice**, en combinant l'action **IN** avec le **code de l'objet** de votre choix.

Bon courage pour la suite ! Un diamant d'une valeur inestimable vous attend, caché quelque part dans une des salles du temple de Wen Sé...

LE REPAIRE DE L'AIGLE

Attention ! Ne lisez le chapitre suivant que si vous y avez été expressément invitée !

MISSION :
À la recherche du temple de Wen Sé

SALLE S2 - LE REPAIRE DE L'AIGLE

DA

Le Repaire de l'Aigle

Vous franchissez le seuil de la deuxième salle en passant entre les pattes de l'éléphant, progressant avec prudence, pas après pas, par crainte d'actionner par mégarde un nouveau piège.

La pièce dans laquelle vous débouchez est une salle beaucoup plus vaste que la précédente, tout en longueur.

Levant la tête, vous remarquez au-dessus de vous une **cage de métal** CA suspendue dans les airs, à plusieurs mètres de hauteur. À l'intérieur, un aigle vous observe fixement... Vous mettez quelques secondes avant de vous rendre compte qu'il s'agit en fait d'une simple statuette.

Voilà donc l'animal totem qui veille sur cette salle, connue dans les textes anciens sous le nom de « Repaire de l'Aigle ». Rapace majestueux, l'aigle est porteur de la force de la **lumière** chez les Lawa'o.

Vous continuez votre exploration de la pièce sous le regard bienveillant du volatile.

Le sol dans le fond de la salle est couvert d'un parterre de **dalles de pierre** DA sur lesquelles sont gravées des flèches. Vous devrez certainement avancer sur les dalles en respectant un schéma bien précis, évitant ainsi les pièges fomentés par les Lawa'o. Un examen détaillé du dallage vous permettra peut-être de comprendre la logique pour avancer sans risque.

Au centre du parterre de dalles, vous remarquez d'ailleurs un faisceau de lumière, qui provient d'une ouverture circulaire percée dans la voûte et éclaire une dalle bien précise sur laquelle est érigé un socle.

Enfin, sur le mur du fond, au-delà du dallage, vous distinguez une porte en pierre. Pour l'atteindre et tenter de l'ouvrir, vous n'aurez pas d'autre solution que de vous risquer à traverser la pièce...

Avant de vous aventurer dans cette salle, vous prenez quelques instants pour tenir à jour, dans un coin de votre cerveau, la liste des objets à votre disposition, veillant à rayer mentalement ceux qui ne vous serviront plus.

OBJETS

- FE Flèches
- ~~EL Éléphant~~
- ~~LI Liane~~
- TE Terre meuble
- ~~SE Défense~~
- ~~PI Pupitre~~
- ~~SA Sac~~
- JO Journal
- ~~BO Boussole~~
- DA Dalles
- CA Cage

NOTES

- Comment sortir du temple de Wen Sé ?
- Où se trouve le diamant ?
- ~~Comment accéder à la deuxième salle ?~~
- Comment traverser ce parterre de dalles ?

LE PUITS DU CRABE

Attention ! Ne lisez le chapitre suivant
que si vous y avez été expressément invitée !

MISSION :

À la recherche du temple de Wen Sé

SALLE S3 - LE PUITS DU CRABE

MU
BA

Le Puits du Crabe

En pénétrant dans la troisième salle, vous êtes aussitôt fixée sur la force élémentaire en jeu ici : sur le mur qui vous fait face, un crabe est sculpté dans la roche. Vous vous trouvez très certainement dans la pièce dédiée à la force de l'**eau**, que les textes anciens du peuple Lawa'o mentionnent sous le nom de « Puits du Crabe ».

L'atmosphère qui règne dans la pièce confirme cette hypothèse. L'humidité de l'air est telle que des **bambous** BA ont poussé le long des parois, témoignant de la moiteur inhérente de la salle. Sur votre droite, vous remarquez d'ailleurs un **mur de pierres** MU dont les jointures semblent en mauvais état, probablement rongées par l'humidité générale des lieux.

Le centre de la pièce est occupé par un large **puits** PU, à l'origine du nom de cette salle. En vous penchant par-dessus la margelle de pierre, votre regard se perd dans des profondeurs abyssales. Vous ne décelez d'abord rien de particulier, mais au bout de quelques secondes, une fois votre regard habitué à l'obscurité, vous parvenez à distinguer un objet au fond du puits. Il faudra sans doute vous y intéresser un peu plus tard.

Dans un coin de la pièce, une **fontaine asséchée** FI est encastrée dans l'angle. La vasque de marbre semble n'avoir plus été remplie depuis bien longtemps. Cette salle célébrant la force élémentaire de l'eau, il serait peut-être utile de chercher à remettre la fontaine en état de marche…

Votre exploration de la salle s'achève sans que vous ayez remarqué une seule porte. Comment accéder à la quatrième salle ? Y aurait-il encore un mécanisme caché ?

À nouveau, vous faites rapidement le point sur l'ensemble des objets à votre disposition dans les différentes salles, éliminant au passage ceux qui ne vous seront plus d'aucune utilité.

OBJETS

- FE Flèches
- ~~EL Éléphant~~
- ~~LI Liane~~
- TE Terre meuble
- ~~SE Défense~~
- ~~PI Pupitre~~
- ~~SA Sac~~
- JO Journal
- ~~BO Boussole~~
- ~~DA Dalles~~
- ~~CA Cage~~
- ~~CO Corde~~
- TA Statue
- LU Lumière
- BA Bambou
- MU Mur craquelé
- PU Puits
- FI Fontaine

NOTES

- Comment sortir du temple de Wen Sé ?
- Où se trouve le diamant ?
- ~~Comment accéder à la deuxième salle ?~~
- ~~Comment traverser ce parterre de dalles ?~~
- Existe-t-il un moyen de remettre la fontaine en marche ?
- Que renferment les profondeurs du puits ?
- Où se trouve la quatrième et dernière salle ?

SALLE S4

LA FORGE DU DRAGON

Attention ! Ne lisez le chapitre suivant
que si vous y avez été expressément invitée !

MISSION :

À la recherche du temple de Wen Sé

SALLE S4 - LA FORGE DU DRAGON

La Forge du Dragon

Vous vous remettez rapidement de votre chute et vous vous redressez pour découvrir la quatrième et dernière salle.

À vos pieds se trouvent les quelques **pierres** PE qui se sont détachées du mur suite à vos coups d'épaule. Vous les enjambez de façon à vous rapprocher d'une petite stèle d'un mètre de haut qui trône au centre de la pièce.

Le sommet de cette colonne de pierre est percé d'un trou, duquel s'échappe une curieuse odeur d'essence. Vous remarquez également, sur la paroi de la stèle, quatre petits boutons pivotants qui peuvent s'orienter de façon à saisir une combinaison à quatre chiffres. Une nouvelle démonstration de l'ingéniosité du peuple Lawa'o !

Comme le Repaire de l'Aigle, cette salle est longue d'une quinzaine de mètres. Au milieu de la pièce, une solide herse métallique bloque le passage vers le fond de la salle.

De l'autre côté de la grille, vous apercevez une **forge** antique circulaire FO d'un diamètre imposant, surmontée d'une inquiétante statue de métal à l'effigie d'un dragon à six pieds.

La Forge du Dragon, qui donne son nom à la salle, est pour l'instant éteinte. Nul doute que grâce à vous, le **feu** rejaillira dans la gueule du Dragon...

Pour la dernière fois, vous mettez à jour l'inventaire des objets à votre disposition dans les différentes salles, en prenant soin de retirer de la liste ceux qui ne vous serviront plus.

OBJETS

- FE - Flèches
- ~~EL - Éléphant~~
- ~~LI - Liane~~
- TE - Terre meuble
- ~~SE - Défense~~
- ~~PI - Pupitre~~
- ~~SA - Sac~~
- JO - Journal
- ~~BO - Boussole~~
- ~~DA - Dalles~~
- ~~CA - Cage~~
- ~~CO - Corde~~
- TA - Statue
- LU - Lumière
- BA - Bambou
- ~~MU - Mur craquelé~~
- PU - Puits
- ~~FI - Fontaine~~
- EA - Eau
- PE - Pierres du mur
- FO - Forge

NOTES

- Comment sortir du temple de Wen Sé ?
- Où se trouve le diamant ?
- ~~Comment accéder à la deuxième salle ?~~
- ~~Comment traverser ce parterre de dalles ?~~
- ~~Existe-t-il un moyen de remettre la fontaine en marche ?~~
- Que renferment les profondeurs du puits ?
- ~~Où se trouve la quatrième et dernière salle ?~~
- Comment raviver la flamme du Dragon ?

DÉCODEUR

Rappel des actions possibles

- EX : examiner, regarder attentivement
- OU : ouvrir, allumer
- DE : déplacer, secouer, renverser, pousser
- IN : indice sur l'objet
- **Assembler** les lettres de 2 objets pour les utiliser ensemble

Pour saisir un code afin d'ouvrir un cadenas, digicode, etc., inutile d'utiliser le Décodeur : il suffit de se reporter directement à la combinaison à quatre chiffres dans la partie Révélations du livre.

Jouez avec votre Smartphone !

Si vous souhaitez optimiser votre temps de recherche dans le Décodeur, n'oubliez pas que vous pouvez utiliser la version Web du dictionnaire, accessible à l'adresse :

https://escape-game.larousse.fr/poche/temple_wen-se.html

ou par l'intermédiaire du Flashcode ci-après.

Saisissez votre mot-code dans le champ de recherche et découvrez immédiatement la combinaison associée et le paragraphe correspondant.

BABO	8519	BAPI	0567	BOJO	4301	CAEN	4301
BACA	6285	BAPU	4180	BOLI	9234	CAFA	6285
BACE	3718	BASA	5914	BOLU	4301	CAFE	0090
BACO	4301	BASE	1829	BOMA	3718	CAFI	3718
BADA	2603	BATA	2603	BOMU	6285	CAFO	5914
BADI	4301	BATE	0567	BOPE	9234	CAGO	8519
BAEA	2610	BOBA	8519	BOPI	7699	CAJO	8519
BAEL	9234	BOCA	7092	BOPU	0508	CALI	1620
BAEN	5914	BOCE	3718	BOSA	1829	CALU	2603
BAFA	7092	BOCO	7092	BOSE	9234	CAMA	7092
BAFE	0190	BODA	5914	BOTA	6285	CAMU	4301
BAFI	2710	BODI	2603	BOTE	8519	CAPE	9234
BAFO	6285	BOEA	7092	CABA	6285	CAPI	9234
BAGO	9234	BOEL	5914	CABO	7092	CAPU	0567
BAJO	9234	BOEN	7092	CACE	2603	CASA	4301
BALI	7092	BOFA	8519	CACO	3718	CASE	0567
BALU	3718	BOFE	0567	CADA	1829	CATA	1829
BAMA	2870	BOFI	8519	CADI	3718	CATE	9234
BAMU	8550	BOFO	5914	CAEA	6285	CEBA	3718
BAPE	0567	BOGO	6285	CAEL	8519	CEBO	3718

CECA	2603	CESA	7092	COLU	4301	DAFE	9234
CECO	3718	CESE	5914	COMA	7092	DAFI	2603
CEDA	4301	CETA	9234	COMU	5914	DAFO	5914
CEDI	9234	CETE	3718	COPE	5914	DAGO	9234
CEEA	2603	COBA	4301	COPI	8519	DAJO	4301
CEEL	2603	COBO	7092	COPU	3838	DALI	3718
CEEN	1829	COCA	3718	COSA	7092	DALU	5914
CEFA	5914	COCE	3718	COSE	7092	DAMA	1829
CEFE	7092	CODA	5914	COTA	6285	DAMU	8519
CEFI	3718	CODI	4301	COTE	4301	DAPE	3718
CEFO	0567	COEA	3718	DABA	2603	DAPI	5914
CEGO	8519	COEL	5914	DABO	5914	DAPU	3718
CEJO	6285	COEN	6285	DACA	1829	DASA	9234
CELI	4301	COFA	5078	DACE	4301	DASE	7092
CELU	8519	COFE	4209	DACO	5914	DATA	1829
CEMA	6967	COFI	4301	DADI	1829	DATE	3718
CEMU	6285	COFO	4301	DAEA	1829	DEBA	9610
CEPE	8430	COGO	6285	DAEL	5914	DEBO	0860
CEPI	3718	COJO	4301	DAEN	3718	DECA	2010
CEPU	5108	COLI	5914	DAFA	7092	DECE	8230

DECO	3718	DESE	2170	DIMA	3718	EAFI	3718
DEDA	0250	DETA	6160	DIMU	1829	EAFO	0540
DEDI	5390	DETE	1020	DIPE	5914	EAGO	7500
DEEA	9234	DIBA	4301	DIPI	9234	EAJO	6830
DEEL	8840	DIBO	2603	DIPU	4301	EALI	5914
DEEN	4301	DICA	3718	DISA	3718	EALU	1829
DEFA	7092	DICE	9234	DISE	3718	EAMA	6285
DEFE	3090	DICO	4301	DITA	2603	EAMU	6450
DEFI	7310	DIDA	1829	DITE	5490	EAPE	9234
DEFO	4540	DIEA	9290	EABA	2610	EAPI	9234
DEGO	4850	DIEL	0567	EABO	7092	EAPU	1080
DEJO	2930	DIEN	2603	EACA	6285	EASA	3718
DELI	5620	DIFA	8080	EACE	2603	EASE	0567
DELU	2603	DIFE	5914	EACO	3718	EATA	9060
DEMA	6770	DIFI	3718	EADA	1829	EATE	4910
DEMU	2550	DIFO	4040	EADI	9290	ELBA	9234
DEPE	7920	DIGO	1829	EAEL	8519	ELBO	5914
DEPI	9990	DIJO	9234	EAEN	1460	ELCA	8519
DEPU	0567	DILI	5914	EAFA	5680	ELCE	2603
DESA	4470	DILU	2039	EAFE	9234	ELCO	5914

ELDA	5914	ELTE	9234	ENPE	6285	EXFO	2500
ELDI	0567	ENBA	5914	ENPI	6285	EXGO	7950
ELEA	8519	ENBO	7092	ENPU	4301	EXJO	5040
ELEN	3718	ENCA	4301	ENSA	0567	EXLI	7720
ELFA	7092	ENCE	1829	ENSE	8519	EXLU	7340
ELFE	9898	ENCO	6285	ENTA	4301	EXMA	8870
ELFI	9234	ENDA	3718	ENTE	5914	EXMU	5650
ELFO	3718	ENDI	2603	EXBA	9320	EXPE	9030
ELGO	9234	ENEA	1460	EXBO	3960	EXPI	2101
ELJO	2603	ENEL	3718	EXCA	9220	EXPU	0280
ELLI	0567	ENFA	8519	EXCE	1430	EXSA	6570
ELLU	3718	ENFE	0567	EXCO	2580	EXSE	4270
ELMA	1829	ENFI	5914	EXDA	3350	EXTA	9260
ELMU	7092	ENFO	1346	EXDI	8490	EXTE	2420
ELPE	0567	ENGO	4301	EXEA	6220	FABA	7092
ELPI	4301	ENJO	2603	EXEL	1050	FABO	8519
ELPU	3718	ENLI	6285	EXEN	1660	FACA	6285
ELSA	9234	ENLU	2603	EXFA	4880	FACE	5914
ELSE	7092	ENMA	2603	EXFE	6190	FACO	5078
ELTA	1829	ENMU	4301	EXFI	6320	FADA	7092

FADI	8080	FEBA	0190	FEPI	8519	FIJO	9234
FAEA	5680	FEBO	0567	FEPU	1209	FILI	6285
FAEL	7092	FECA	0090	FESA	5109	FILU	2603
FAEN	8519	FECE	7092	FESE	2109	FIMA	7092
FAFE	8209	FECO	4209	FETA	2009	FIMU	5914
FAFI	7092	FEDA	9234	FETE	1829	FIPE	0567
FAFO	6285	FEDI	5914	FIBA	2710	FIPI	0567
FAGO	8519	FEEA	9234	FIBO	8519	FIPU	1180
FAJO	6285	FEEL	9898	FICA	3718	FISA	4301
FALI	7880	FEEN	0567	FICE	3718	FISE	1829
FALU	6285	FEFA	8209	FICO	4301	FITA	1829
FAMA	9234	FEFI	0567	FIDA	2603	FITE	0567
FAMU	7092	FEFO	6898	FIDI	3718	FOBA	6285
FAPE	9234	FEGO	9234	FIEA	3718	FOBO	5914
FAPI	8519	FEJO	8519	FIEL	9234	FOCA	5914
FAPU	0567	FELI	1829	FIEN	5914	FOCE	0567
FASA	9234	FELU	8519	FIFA	7092	FOCO	4301
FASE	9234	FEMA	1829	FIFE	0567	FODA	5914
FATA	3868	FEMU	6998	FIFO	5914	FODI	4040
FATE	8519	FEPE	2603	FIGO	7850	FOEA	0540

FOEL	3718	GOCA	8519	GOSA	0567	INLI	6730
FOEN	1346	GOCE	8519	GOSE	8519	INLU	6814
FOFA	6285	GOCO	6285	GOTA	2603	INMA	9967
FOFE	6898	GODA	9234	GOTE	9234	INMU	4645
FOFI	5914	GODI	1829	INBA	7630	INPE	0830
FOGO	9234	GOEA	7500	INBO	1476	INPI	5399
FOJO	0567	GOEL	9234	INCA	7530	INPU	9108
FOLI	7092	GOEN	4301	INCE	4453	INSA	0837
FOLU	1829	GOFA	8519	INCO	8338	INSE	0607
FOMA	0567	GOFE	9234	INDA	4415	INTA	2016
FOMU	7092	GOFI	7850	INDI	6929	INTE	0730
FOPE	7092	GOFO	9234	INEA	4530	JOBA	9234
FOPI	4301	GOJO	8519	INEL	5284	JOBO	4301
FOPU	2603	GOLI	0567	INEN	2246	JOCA	8519
FOSA	8519	GOLU	8519	INFA	7568	JOCE	6285
FOSE	7092	GOMA	2603	INFE	7798	JOCO	4301
FOTA	2000	GOMU	0567	INFI	4630	JODA	4301
FOTE	6285	GOPE	0567	INFO	3500	JODI	9234
GOBA	9234	GOPI	5914	INGO	3875	JOEA	6830
GOBO	6285	GOPU	1500	INJO	7683	JOEL	2603

JOEN	2603	LICE	4301	LISE	8270	LUMA	0567
JOFA	6285	LICO	5914	LITA	3718	LUMU	7092
JOFE	8519	LIDA	3718	LITE	7092	LUPE	4301
JOFI	9234	LIDI	5914	LUBA	3718	LUPI	4301
JOFO	0567	LIEA	5914	LUBO	4301	LUPU	2603
JOGO	8519	LIEL	0567	LUCA	2603	LUSA	8519
JOLI	0567	LIEN	6285	LUCE	8519	LUSE	6285
JOLU	9814	LIFA	7880	LUCO	4301	LUTA	9016
JOMA	0567	LIFE	1829	LUDA	5914	LUTE	3718
JOMU	6285	LIFI	6285	LUDI	2039	MABA	2870
JOPE	1829	LIFO	7092	LUEA	1829	MABO	3718
JOPI	3718	LIGO	0567	LUEL	3718	MACA	7092
JOPU	2208	LIJO	0567	LUEN	2603	MACE	6967
JOSA	8519	LILU	4301	LUFA	6285	MACO	7092
JOSE	6285	LIMA	9234	LUFE	8519	MADA	1829
JOTA	0567	LIMU	6285	LUFI	2603	MADI	3718
JOTE	0567	LIPE	1829	LUFO	1829	MAEA	6285
LIBA	7092	LIPI	1829	LUGO	8519	MAEL	1829
LIBO	9234	LIPU	3280	LUJO	9814	MAEN	2603
LICA	1620	LISA	6285	LULI	4301	MAFA	9234

MAFE	1829	MUDI	1829	OUBO	7469	OUPU	6285
MAFI	7092	MUEA	6450	OUCA	4690	OUSA	4569
MAFO	0567	MUEL	7092	OUCE	2169	OUSE	5914
MAGO	2603	MUEN	4301	OUCO	6285	OUTA	1469
MAJO	0567	MUFA	7092	OUDA	3718	OUTE	7092
MALI	9234	MUFE	6998	OUDI	7092	PEBA	0567
MALU	0567	MUFI	5914	OUEA	6285	PEBO	9234
MAMU	1829	MUFO	7092	OUEL	8840	PECA	9234
MAPE	9234	MUGO	0567	OUEN	4301	PECE	8430
MAPI	7092	MUJO	6285	OUFA	6285	PECO	5914
MAPU	6285	MULI	6285	OUFE	7092	PEDA	3718
MASA	3718	MULU	7092	OUFI	7092	PEDI	5914
MASE	3718	MUMA	1829	OUFO	4200	PEEA	9234
MATA	2603	MUPE	1750	OUGO	3718	PEEL	0567
MATE	8519	MUPI	5914	OUJO	8169	PEEN	6285
MUBA	8550	MUPU	3718	OULI	8519	PEFA	9234
MUBO	6285	MUSA	9234	OULU	2603	PEFE	2603
MUCA	4301	MUSE	8519	OUMA	5914	PEFI	0567
MUCE	6285	MUTA	2603	OUMU	2550	PEFO	7092
MUCO	5914	MUTE	6285	OUPE	8519	PEGO	0567
MUDA	8519	OUBA	7092	OUPI	5999	PEJO	1829

PELI	1829	PIFE	8519	PUDI	4301	SABO	1829
PELU	4301	PIFI	0567	PUEA	1080	SACA	4301
PEMA	9234	PIFO	4301	PUEL	3718	SACE	7092
PEMU	1750	PIGO	5914	PUEN	4301	SACO	7092
PEPI	1829	PIJO	3718	PUFA	0567	SADA	9234
PEPU	7280	PILI	1829	PUFE	1209	SADI	3718
PESA	6285	PILU	4301	PUFI	1180	SAEA	3718
PESE	3718	PIMA	7092	PUFO	2603	SAEL	9234
PETA	5360	PIMU	5914	PUGO	1500	SAEN	0567
PETE	0567	PIPE	1829	PUJO	2208	SAFA	9234
PIBA	0567	PIPU	7092	PULI	3280	SAFE	5109
PIBO	7699	PISA	7092	PULU	2603	SAFI	4301
PICA	9234	PISE	7092	PUMA	6285	SAFO	8519
PICE	3718	PITA	6285	PUMU	3718	SAGO	0567
PICO	8519	PITE	9001	PUPE	7280	SAJO	8519
PIDA	5914	PUBA	4180	PUPI	7092	SALI	6285
PIDI	9234	PUBO	0508	PUSA	7508	SALU	8519
PIEA	9234	PUCA	0567	PUSE	5914	SAMA	3718
PIEL	4301	PUCE	5108	PUTA	4301	SAMU	9234
PIEN	6285	PUCO	3838	PUTE	1829	SAPE	6285
PIFA	8519	PUDA	3718	SABA	5914	SAPI	7092

SAPU	7508	SELI	8270	TAFE	2009	TEDI	5490
SASE	5147	SELU	6285	TAFI	1829	TEEA	4910
SATA	0567	SEMA	3718	TAFO	2000	TEEL	9234
SATE	5914	SEMU	8519	TAGO	2603	TEEN	5914
SEBA	1829	SEPE	3718	TAJO	0567	TEFA	8519
SEBO	9234	SEPI	7092	TALI	3718	TEFE	1829
SECA	0567	SEPU	5914	TALU	9016	TEFI	0567
SECE	5914	SESA	5147	TAMA	2603	TEFO	6285
SECO	7092	SETA	8519	TAMU	2603	TEGO	9234
SEDA	7092	SETE	2603	TAPE	5360	TEJO	0567
SEDI	3718	TABA	2603	TAPI	6285	TELI	7092
SEEA	0567	TABO	6285	TAPU	4301	TELU	3718
SEEL	7092	TACA	1829	TASA	0567	TEMA	8519
SEEN	8519	TACE	9234	TASE	8519	TEMU	6285
SEFA	9234	TACO	6285	TATE	2603	TEPE	0567
SEFE	2109	TADA	1829	TEBA	0567	TEPI	9001
SEFI	1829	TADI	2603	TEBO	8519	TEPU	1829
SEFO	7092	TAEA	9060	TECA	9234	TESA	5914
SEGO	8519	TAEL	1829	TECE	3718	TESE	2603
SEJO	6285	TAFA	3868	TECO	4301	TETA	2603
				TEDA	3718		

RÉVÉLATIONS

→ 0090

Vos flèches se plantent dans le bois de la cage, sans parvenir à la faire bouger. Voilà de nouveaux projectiles gâchés...

→ 0190

Vous tentez de déraciner le bambou avec la pointe d'une flèche, mais rien n'y fait !

→ 0250

Ces dalles sont solidement fixées au sol : impossible de les déplacer.

→ 0280

Vous vous penchez par-dessus la margelle pour jeter un œil à l'intérieur du puits. Un objet en bois semble flotter dans l'eau sombre plusieurs mètres plus bas, sans que vous ne parveniez pour autant à évaluer précisément la profondeur. Dans tous les cas, une chose est sûre : vous ne vous risqueriez pas à sauter pour le découvrir...

→ 0508

Une si belle boussole... Ça serait quand même bien dommage de la jeter au fond du puits !

→ 0521

Sur cette page figure un tableau de correspondance entre les symboles utilisés par le peuple Lawa'o et des chiffres.

Voilà qui vous sera bien utile pour déduire des combinaisons numériques si vous croisez ces figures dans le temple !

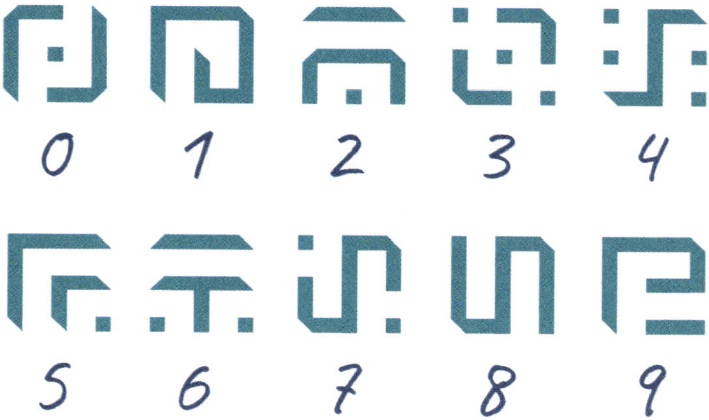

→ 0540

Asperger la forge d'eau ? À quoi bon ?

→ 0550

Cette fois-ci, le mur cède sous vos coups d'épaule répétés. Entraînée par votre élan, vous basculez dans une nouvelle pièce en roulant parmi les pierres qui se sont détachées du mur. Vous pouvez découvrir la description de la **salle S4** !

→ 0567

Vous devriez pouvoir essayer quelque chose de plus utile. Ressaisissez-vous !

→ 0607

Cette défense s'apparente à un levier qu'il vous faudrait actionner. Avez-vous un objet à votre disposition qui vous permettrait de l'atteindre ?

→ 0728

Le paragraphe intitulé « Raviver la flamme du Dragon » contient cet extrait qui vous semble digne d'intérêt : « Lorsque l'aventurier devra raviver la flamme sur la stèle dans la Forge du Dragon, il se retournera et observera le mur : la combinaison à reporter sur la stèle y est inscrite. La flamme devra alors sans plus attendre être restituée à son maître, le Dragon. »

→ 0730

La terre semble avoir été retournée. Vous devriez creuser pour en avoir le cœur net !

→ 0813

Lorsque vous tournez les molettes sur la combinaison **0813**, la fontaine se met en marche. L'**eau** **E A** coule désormais à flots dans la vasque !

→ 0830

Pensez à examiner les pierres, de chaque côté, et tentez de retrouver leur position initiale sur le mur que vous avez enfoncé. Cela vous donnera la clé pour allumer la flamme de la stèle.

→ 0837

Il doit bien y avoir, d'un côté ou de l'autre du sac, dans un sens ou dans un autre, une indication pour vous permettre de déverrouiller le cadenas !

→ 0860

Si vous souhaitez déposer la boussole à un emplacement en particulier, vous devez simplement l'associer avec l'objet en question.

→ 0981

La page relative au Rayon de l'Aigle ne comporte qu'une phrase manuscrite pour le moins mystérieuse : « Pour percer le secret du Rayon de l'Aigle, l'aventurier devra trouver la combinaison correspondant aux couleurs suivantes : ROUGE – VIOLET – BLEU – VIOLET. »

→ 1010

Vous faites le tour de toutes les faces de la cage, mais vous ne repérez rien d'intéressant, hormis le volatile qui trône à l'intérieur. Il semble sculpté dans une matière étrange…

→ 1012

Bien vu ! La combinaison cachée dans ces imitations de caractères asiatiques (certainement une ruse de l'archéologue français...) permet de déverrouiller le cadenas et d'ouvrir le sac de jute. Il ne vous servira plus à grand-chose désormais, vous pouvez le rayer de votre inventaire. À l'intérieur du sac, vous découvrez un épais **livre** JO dont la couverture est barrée du simple titre « JOURNAL ». Dans une petite poche intérieure, vous trouvez également une **boussole** BO. Voilà qui tombe bien, vous aviez oublié d'emporter la vôtre ! Espérons que votre malice saura compenser votre étourderie légendaire...

→ 1020

À mains nues, vous commencez à creuser le sol. La terre est relativement meuble, signe qu'un objet a dû être enterré ici. Très vite, vous parvenez en effet à déterrer un **sac de toile** SA. Vous comprenez que l'explorateur qui vous a précédée et dont il ne reste plus que le squelette a dû enfouir sa besace ici, sentant la mort approcher...

→ 1050

Cet éléphant, sculpté à même la roche, doit mesurer près de cinq mètres de haut et occupe toute une paroi de la salle dans laquelle vous êtes enfermée. Votre expérience d'aventurière vous amène à penser que le pan de mur entre ses deux pattes avant doit pouvoir coulisser pour déboucher sur une deuxième pièce. Encore faut-il trouver le mécanisme à actionner pour y parvenir... En vous rapprochant, vous pouvez admirer la précision de la sculpture et, bien au-dessus de votre tête, un détail attire votre attention : la **défense** SE gauche de l'éléphant ne semble pas tout à fait solidaire du reste de la structure !

→ 1080

Très bonne idée ! Vous faites plusieurs aller-retours entre la fontaine et le puits, transportant l'eau au creux de vos mains. Pour le remplir totalement, cela risque de vous prendre pas mal de temps : il faudrait trouver un moyen efficace de canaliser l'eau.

→ 1180

Remplir le puits avec l'eau de la fontaine paraît une bonne idée, mais comment comptez-vous vous y prendre ?

→ 1209

Vous tirez une flèche vers l'intérieur du puits. Vous percevez le bruit du projectile qui siffle dans l'eau, mais cela ne vous aide pas vraiment à apprécier la profondeur du puits.

→ 1297

Vous parcourez rapidement les pages du journal consacrées à la salle qui porte le nom de « Tanière de l'Éléphant » et vous finissez par dénicher une information qui vous paraît capitale : « Le nom donné au temple par les explorateurs anglais orientera l'aventurier pour déverrouiller le passage vers la deuxième salle. »

→ 1346

Avec votre arc et votre flèche enflammée, vous visez le cœur de la forge, qui s'embrase instantanément. La herse métallique se soulève alors, vous permettant d'accéder à cette nouvelle partie de la salle où règne une chaleur presque insoutenable. Pour symboliser cet embrasement, il vous faudra dorénavant doubler toutes les combinaisons résultant d'actions mettant en jeu la forge. Avant de vous en éloigner, vous remarquez une **machette** MA accrochée à un mur.

→ 1430

Ce coffre en bois, construit à partir de matériaux de qualité, semble d'une solidité à toute épreuve. Même après son long séjour dans l'eau du puits, il ne présente pas le moindre signe d'usure. Il est fermé par un cadenas à quatre chiffres et sa face avant est couverte de symboles désormais familiers...

→ 1460

Votre flèche s'éteint aussitôt. C'est un peu dommage, ne trouvez-vous pas ?

→ 1469

La statue est d'un seul tenant, vous ne remarquez pas d'ouverture particulière.

→ 1476

Il faudra poser cette boussole sur un objet de la salle pour vérifier si elle ne désigne pas autre chose que le nord.

→ 1500

Vous disposez une des deux gouttières en direction du puits. Si vous faites interagir la seconde gouttière avec un autre objet, additionnez simplement le numéro du paragraphe courant et celui correspondant à la seconde action envisagée, pour connaître le résultat de votre construction.

→ 1522

Dans le journal de l'aventurier, la section dédiée au « Coffre du Crabe » s'avère bien maigre en informations... Tout au plus y dénichez-vous quelques signes dont vous avez pour l'instant encore du mal à comprendre la signification...

→ 1620

Vous ne parviendrez pas à atteindre la cage en utilisant la liane comme un lasso cette fois-ci !

→ 1660

Le bout de votre flèche est en feu. Ne perdez pas de temps, tentez de viser un objet !

→ 1750

Non, vous n'avez pas le temps de faire de la maçonnerie pour reconstruire le mur.

→ 1829

N'oubliez pas : seuls les plus méritants pourront trouver le diamant ! Et pour l'instant, vous n'êtes pas spécialement bien partie...

→ 2000

L'idée pourrait être intéressante, mais en l'état, la forge est toujours éteinte, et protégée par une herse. Avez-vous trouvé un moyen de soulever la herse et d'allumer cette forge ?

→ 2009

Vous visez la statue avec votre arc. La flèche se plante entre les deux yeux du volatile. Formidable, joli tir ! Mais que faire ensuite ?

→ 2010

La cage est à plusieurs mètres de haut. Même en sautant, vous ne parviendrez pas à la toucher.

→ 2016

Il faudrait remettre ce volatile à la bonne place, pour commencer. Avez-vous repéré un emplacement qui pourrait correspondre ?

→ 2039

Dans la salle du Repaire de l'Aigle, vous placez le diamant dans le faisceau de lumière. À l'intérieur du cristal, vous voyez alors le symbole suivant se former :

→ 2101

Vous gravissez les quelques marches qui vous séparent du pupitre qui s'est dressé au milieu du piédestal central pour l'examiner plus en détail. La dalle de grès qui s'est surélevée lorsque vous avez actionné la défense de l'éléphant est de forme parfaitement circulaire. Sur le pourtour de la pierre sont gravés, à intervalles réguliers, huit symboles qui correspondent à autant de touches qui s'enfoncent légèrement sous le poids de votre main. Votre intuition vous dit que vous devrez appuyer sur les bons symboles, dans le bon ordre... Au centre de la pierre, une petite rose des vents retient également toute votre attention.

➜ 2109

La flèche rebondit contre la défense sculptée sans parvenir à la faire bouger. Il va falloir trouver une autre solution...

➜ 2169

Ce coffre en bois est fermé par un cadenas. À moins de découvrir la combinaison à quatre chiffres, impossible de l'ouvrir !

➜ 2170

Impossible d'atteindre la défense depuis le sol pour l'actionner, et la paroi du mur est bien trop lisse pour tenter toute escalade... Il va falloir trouver une autre solution pour manipuler cette défense.

➜ 2208

Non ! Ce journal peut encore vous être utile, ne vous en débarrassez pas maintenant !

➜ 2246

Quel objet de la pièce souhaitez-vous viser avec cette flèche ?

➜ 2420

À cet endroit, la terre a semble-t-il été retournée. Il doit y avoir quelque chose de caché là-dessous !

→ 2500

Cette forge antique, surmontée par une statue de dragon à six pattes, est située de l'autre côté d'une herse métallique, à plusieurs mètres de distance. Elle devait être utilisée à l'origine par le peuple Lawa'o pour fabriquer des armes. La forge ne fonctionne pas actuellement, mais une fois en marche, elle doit dégager une chaleur intense.

→ 2550

Vous tentez d'enfoncer le mur à grands coups d'épaule. Les pierres tremblent, mais ne cèdent pas. Peut-être qu'en humidifiant un peu le ciment qui maintient ces pierres, vous parviendrez à fragiliser davantage le mur.

→ 2580

La corde, qui doit mesurer moins d'un mètre cinquante, retient la cage au sommet de la voûte.

→ 2603

Mais où voulez-vous donc en venir ?

→ 2610

Vous êtes sur la bonne voie, mais il faudrait d'abord trouver un moyen de tailler ces bambous.

→ 2645

Un simple coup d'épaule devrait désormais vous permettre de démolir ce mur.

→ 2710

Il faudrait d'abord trouver un outil pour tailler ces bambous.

→ 2870

Grâce à la machette, vous parvenez à découper un des bambous. En le sectionnant en deux dans le sens de la longueur, vous fabriquez deux **gouttières naturelles** G0.

→ 2930

Sur la quatrième de couverture du journal, vous découvrez le nom de son propriétaire, un certain Paul Belloq.

→ 3090

Pour viser un objet avec vos flèches, il suffit de combiner la flèche avec l'objet en question.

→ 3218

Grâce à cette combinaison, vous parvenez à déverrouiller le cadenas et à ouvrir le coffre. À l'intérieur, pas de trésor, mais un simple parchemin défraîchi...

« À toi, aventurier, qui as su déjouer les pièges et parvenir jusqu'ici... Sache que le diamant, même si tu ne l'as pas encore révélé, est déjà entre tes mains. Ce diamant sera d'ailleurs ta clé pour t'échapper du temple. En le faisant interagir avec les quatre forces élémentaires, tu découvriras les chiffres qui composent le code te permettant de quitter le temple de Wen Sé. Et pour connaître l'ordre dans lequel placer ces chiffres, fie-toi au nombre de pattes des animaux-totems des différentes salles. »

→ 3280

L'idée de descendre dans le puits le long d'une liane semble intéressante, mais vous ne trouvez aucun point d'ancrage sur le sol qui pourrait assurer votre sécurité.

→ 3350

Sur le sol, un curieux dallage s'étend sur près de huit mètres sur cinq. Sur chacune des dalles figure une flèche qui pointe dans une direction bien précise et, vers le fond de la salle, une dalle particulière est baignée d'un faisceau de lumière. Vous allez devoir vous déplacer sur ce labyrinthe pour atteindre la dalle en question (marquée d'un rond rouge sur le plan ci-contre), en faisant en sorte de toujours vous déplacer dans la direction de la flèche indiquée sur la dalle où vous vous situez, et ce jusqu'à la dalle de votre choix, d'où vous repartirez ensuite en vous fiant à la flèche indiquée. Votre point de départ est la flèche en rouge. Les cases numérotées que vous trouverez sur votre chemin constitueront une combinaison à quatre chiffres qui vous permettra de vérifier votre trajectoire. Attention, le moindre faux pas risquerait de vous être fatal !

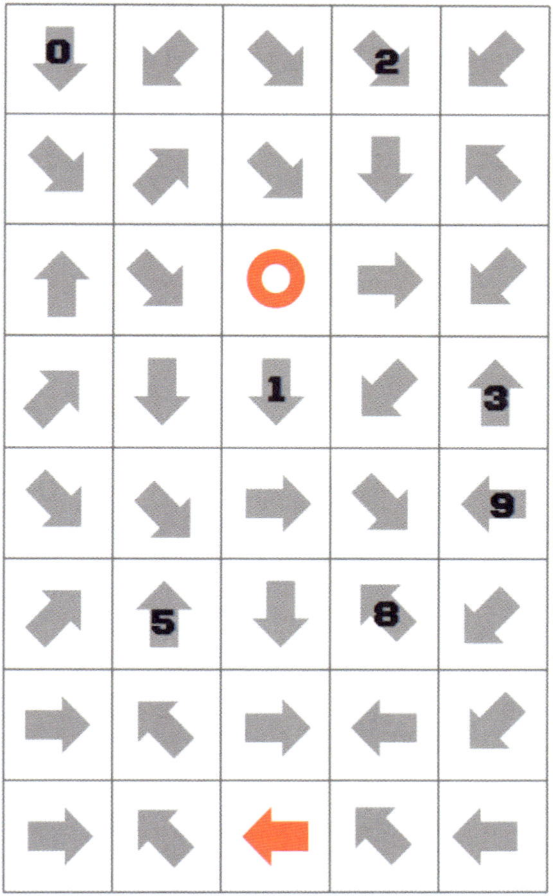

→ 3500

Vous aurez besoin d'allumer la forge pour pouvoir progresser dans votre aventure. Pour cela, commencez par trouver la combinaison permettant de raviver la flamme de la stèle. Les indications contenues dans le journal devraient vous mettre sur la voie.

→ 3650

Arrosées avec l'eau de la fontaine, les jointures du mur semblent avoir de plus en plus de mal à assurer la solidité de la paroi.

→ 3690

Vous ouvrez la cage, désormais à même le sol, et vous y récupérez la **statue d'aigle** **TA**.

→ 3718

Il doit bien y avoir quelque chose de plus logique à faire...

→ 3747

Vous composez la combinaison en appuyant sur les bons symboles et la porte commence aussitôt à pivoter. Vous vous engouffrez dans l'ouverture, prête à affronter la **salle** **S3**, dont vous pouvez désormais lire la présentation. Pas une minute à perdre : vous n'êtes qu'à la moitié de votre aventure !

→ 3838

Cette corde est trop courte pour vous permettre de tenter de descendre dans le puits.

→ 3868

Vous approchez le volatile de cire de la flamme, mais la chaleur dégagée par celle-ci ne semble pas suffisamment intense pour avoir un quelconque effet sur la statue.

→ 3875

Ces gouttières doivent vous servir pour canaliser de l'eau en direction d'un autre objet.

→ 3960

C'est une belle boussole en laiton. Avec elle, au moins, vous ne perdrez pas le nord !

→ 4000

Malgré la chaleur insoutenable, vous vous approchez avec la statue de la forge en service. La statue de cire, déposée sur le sol à proximité des flammes, commence à se ramollir, et va jusqu'à fondre progressivement pour révéler un magnifique **diamant** DI ! Bravo, vous avez entre les mains le trésor du temple de Wen Sé ! Maintenant, il ne vous reste plus qu'à vous échapper...

→ 4040

Vous n'allez tout de même pas jeter ce superbe diamant dans la forge ?

→ 4180

Les bambous sont fermement enracinés. Il faudrait au préalable les couper avant de pouvoir les utiliser sur un autre objet.

→ 4200

La forge, éteinte, est pour l'instant inaccessible : une herse métallique vous bloque l'accès. Impossible de l'ouvrir !

→ 4209

Vous sortez votre arc et piochez une flèche dans votre carquois. Concentrée, vous visez la corde et décrochez une flèche d'une précision redoutable. La corde se rompt net et la cage entame sa chute. Elle résiste à l'impact sur le sol, mais maintenant qu'elle se trouve à terre, pour toutes les actions que vous entreprendrez dorénavant sur cette cage, vous devrez enlever **1000**.

→ 4270

La défense de l'éléphant ne semble pas solidaire du reste de la structure. On dirait plutôt un levier, qui doit permettre d'actionner un mécanisme. Mais comment l'atteindre ?

→ 4301

L'atmosphère oppressante de ce temple vous fait perdre vos moyens, semble-t-il... Allons, reprenez-vous !

→ 4329

Le nom du temple, Wen Sé, peut se décomposer en quatre points cardinaux : W, E, N et SE...

→ 4415

Comme pour beaucoup de labyrinthes, vous devriez trouver plus facilement le chemin à suivre à travers ces dalles si vous commencez par la fin.

→ 4453

Pour ouvrir le coffre, fiez-vous aux symboles gravés dessus et à une page du journal. Il ne vous reste plus qu'à suivre les flèches !

→ 4470

À l'arrière du sac, vous repérez des broderies qui vous font penser à des symboles d'origine asiatique :

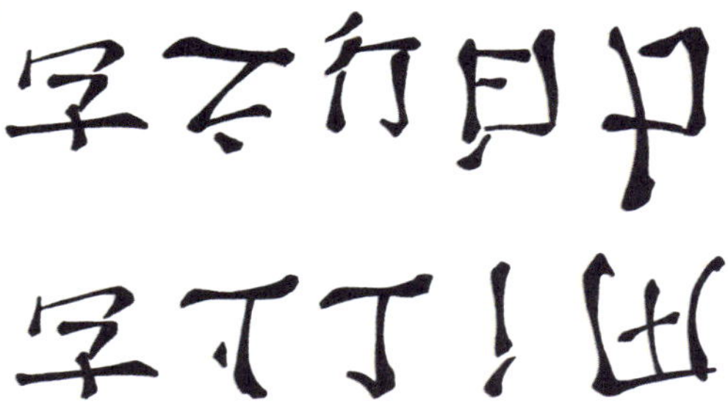

→ 4530

Maintenant que la fontaine est en marche, il faut trouver un moyen de canaliser cette eau vers le puits pour le remplir...

→ 4540

La forge, éteinte, est pour l'instant inaccessible : une herse métallique vous en bloque l'accès.

→ 4569

Impossible d'ouvrir ce sac sans connaître la combinaison du cadenas qui verrouille la poche principale. La toile de jute est bien trop résistante....

→ 4605

Bravo ! Grâce à cette combinaison composée sur le pupitre de la première salle, la porte du temple s'ouvre ! Vous êtes libre. Libre, et riche ! Le diamant en sécurité dans votre besace, vous vous enfoncez dans la jungle pour regagner l'hydravion qui vous a déposée ici. Vous pouvez dorénavant lire la **conclusion** de votre aventure.

→ 4630

Il faudrait remettre cette fontaine en marche. Avez-vous jeté un œil à la vasque ? Si elle était remplie jusqu'au niveau du trait sombre, la partie supérieure des symboles se refléterait dans l'eau. Cela vous met-il sur une piste ?

→ 4645

Un peu d'eau devrait vous permettre de fragiliser le ciment qui retient les pierres. Avez-vous tenté de mettre en marche la fontaine ?

→ 4690

La cage est malheureusement bien trop haute pour que vous puissiez l'ouvrir. Il va d'abord falloir trouver un moyen de la faire descendre.

→ 4850

Pour déplacer la gouttière vers un autre objet, il suffit de l'utiliser sur l'objet en question.

→ 4880

Depuis que vous avez trouvé la bonne combinaison, une flamme d'environ cinq centimètres de haut danse sous vos yeux.

→ 4910

Soit... Cela donne de la terre mouillée... Et ensuite ?

→ 5000

La chaleur est telle que vous avez dorénavant du mal à rester à proximité de la forge pour l'examiner sous toutes les coutures.

→ 5040

Sur la couverture en cuir noir, la mention « JOURNAL » vous laisse espérer que cet ouvrage renferme les notes de l'explorateur qui vous a précédée. Espérons que vous saurez mieux exploiter ces centaines de pages d'informations que ce pauvre homme...

→ 5078

La corde va prendre feu, mais ensuite ? Elle n'est pas assez longue pour servir de mèche pour allumer la forge.

→ 5108

Vous venez à peine de repêcher ce coffre, vous n'allez quand même pas le jeter de nouveau à l'eau ?

→ 5109

Les pointes de vos flèches ne sont pas suffisamment aiguisées pour venir à bout de la toile du sac.

→ 5147

Vous lancez le sac en direction de l'éléphant, espérant parvenir à attraper la défense à l'aide de la bandoulière. Malheureusement, vous manquez cruellement de précision en procédant ainsi.

→ 5213

Vous faites pivoter les quatre boutons sur la petite stèle de pierre de façon à les positionner sur la combinaison 5213. Une **flamme** FA surgit alors du trou percé au sommet de la pierre ! Voilà qui expliquait cette odeur d'essence.

→ 5284

Avez-vous examiné la sculpture en détail, pour vérifier si elle ne cacherait rien de particulier ?

→ 5360

Quelle idée avez-vous derrière la tête ? Vous voulez assommer ce pauvre volatile ? Allons...

→ 5390

Pour placer le diamant à un endroit spécifique, il suffit de le combiner avec l'objet en question.

→ 5399

Le symbole au centre du pupitre doit vous guider sur l'action à entreprendre. Pour savoir sur quels symboles appuyer, vous aurez également besoin de précieuses informations contenues dans un journal... Si vous avez besoin d'un indice supplémentaire, rendez-vous en **4329**.

→ 5490

Revenue dans la Tanière de l'Éléphant, vous saupoudrez le diamant de terre. Comme par magie, la terre n'adhère que sur certaines parties de la surface de la pierre, pour former le symbole suivant :

→ 5620

En tirant d'un coup sec sur les lianes, vous parvenez à en décrocher certaines. À quoi vont-elles bien pouvoir vous servir ?

→ 5650

Vous examinez avec minutie le mur de la salle. Plusieurs pierres sont scellées par un mortier qui semble assez friable. Avec un peu de chance et quelques coups d'épaule, vous parviendrez peut-être à enfoncer ce mur !

→ 5680

Ne faites pas ça, vous risqueriez d'éteindre la flamme !

→ 5803

Vous êtes parvenue à traverser le labyrinthe sans commettre la moindre erreur. La dalle centrale sur laquelle vous arrivez

est baignée d'une **lumière naturelle** LU, qui éclaire un petit socle.
D'ici, vous distinguez mieux le mur du fond de la salle : à côté de la porte que vous aviez repérée figurent les dix symboles correspondant aux chiffres Lawa'o. La porte doit donc se déverrouiller à l'aide d'une combinaison, mais laquelle ?

→ 5914

Allons, allons, un peu de sérieux ! L'archéologie demande de la rigueur et de la méthode !

→ 5999

Vous perdez quelques précieuses minutes à chercher une cachette dérobée dans la pierre ou une quelconque ouverture, sans le moindre succès.

→ 6160

Pour déplacer la statue à un emplacement particulier, il suffit de l'utiliser sur l'objet en question.

→ 6190

Vous ne partez jamais à l'aventure sans une dizaine de flèches et un arc solide !

→ 6220

L'eau coule abondamment de la fontaine, désormais remise en marche.

→ 6285

Vous perdez du temps ! Essayez autre chose...

→ 6320

La fontaine accolée au mur du fond de la salle est totalement sèche, signe que l'eau n'a pas dû couler depuis bien longtemps. Sur la paroi du mur, quatre molettes permettent de saisir une combinaison de chiffres. Voilà qui permettrait à coup sûr de remettre en marche la fontaine ! Sur la vasque, vous remarquez justement quatre curieux symboles, à la hauteur d'une ligne de séparation sombre qui doit correspondre au niveau de l'eau lorsque la fontaine est remplie. Ces symboles, totalement différents de ceux utilisés habituellement par le peuple Lawa'o, ne vous disent absolument rien... Quelle peut bien être leur signification ?

→ 6450

Vous mouillez abondamment le mur à l'aide de l'eau de la fontaine. Sous l'action de l'humidité, les jointures entre les pierres se désagrègent de plus en plus. Pour marquer la plus grande fragilité du mur, retirez **2000** à toutes les combinaisons résultant d'actions le concernant.

→ 6518

Vous appuyez successivement sur les symboles de façon à épeler le nom du temple à l'aide des points cardinaux. Dans un grondement assourdissant, la paroi de pierre entre les deux pattes de l'éléphant s'élève, dévoilant la salle **S2**, dont vous pouvez désormais consulter la description. Vous avez brillamment franchi les premières épreuves, bravo !

→ 6530

Maintenant que la cage est à votre portée, il ne vous reste plus qu'à l'ouvrir !

→ 6570

Cette besace en toile de jute paraît solide et de bonne facture. Vous êtes bien curieuse de savoir ce qu'elle peut renfermer, mais vous réalisez vite qu'un cadenas à quatre chiffres condamne la poche principale du sac... Quel peut bien être le code permettant de l'ouvrir. Il y a forcément un indice quelque part !

→ 6730

Ces lianes sont suffisamment souples pour servir de cordes ou, mieux, de lassos !

→ 6770

Vous fendez l'air avec votre machette, comme pour vous tailler un passage dans une jungle impénétrable. Qu'allez-vous commencer par couper ?

→ 6814

Observez ce faisceau de lumière pour comprendre quel objet il pourrait accueillir.

→ 6830

Certainement pas ! Vous risqueriez de détruire de précieux indices !

→ 6898

Vous visez la forge à l'aide d'une flèche. L'idée n'est pas mauvaise du tout, mais si votre but est d'allumer la forge, il va falloir s'armer d'un projectile enflammé.

→ 6929

Pour savoir comment utiliser le diamant, il vous faudra au préalable avoir trouvé et ouvert le coffre du Crabe !

→ 6967

Quelle violence ! Privilégiez donc l'intelligence à la force !

→ 6998

Avec la pointe d'une flèche, vous essayez de gratter le ciment qui maintient les pierres du mur, mais sans succès. Il faudrait d'abord réussir à ramollir ce mortier à l'aide d'un peu d'eau.

→ 7000

Maintenant que la forge est allumée, elle devrait vous permettre de faire fondre un objet. Lequel ?

→ 7092

Désolé, mais ça n'a absolument aucun sens...

→ 7280

Ne jetez pas ces pierres dans le puits, vous aurez besoin de chacune d'entre elles !

→ 7310

Vous poussez la fontaine pour vérifier si elle ne cache pas un passage secret, mais malheureusement elle ne bouge pas d'un centimètre.

→ 7340

Ce puits de lumière provient d'un trou circulaire percé dans la voûte de pierre du temple. La lumière illumine un petit socle situé au centre de la dalle où vous vous trouvez. Sur ce socle, vous repérez deux empreintes qui correspondent à la forme des pattes d'un oiseau.

→ 7469

Il est inutile d'essayer de démonter cette boussole. Elle vous sera bien plus utile d'un seul tenant !

→ 7500

Vous placez une des deux gouttières sous la fontaine et l'eau s'écoule en suivant la pente du bambou. Si vous placez une seconde gouttière en direction d'un autre objet et reliez les deux, additionnez simplement le numéro du paragraphe courant et celui correspondant à la seconde action envisagée pour connaître le résultat de votre construction.

→ 7508

À quoi bon jeter ce sac dans le puits ?

→ 7530

Avez-vous examiné cette cage pour voir par quel moyen elle était suspendue ? Si vous parveniez à la faire descendre, vous pourriez accéder à la statue qu'elle contient.

→ 7568

Quel objet pourriez-vous enflammer de façon à parvenir à rallumer la forge, de l'autre côté de la herse ?

→ 7630

Un outil tranchant sera indispensable pour couper ces bambous.

→ 7683

Ce journal regorge d'informations qui seront essentielles dans votre quête. N'oubliez pas d'y revenir régulièrement au cours de votre aventure.

→ 7699

Vous placez la boussole au centre du pupitre de grès et attendez quelques instants que l'aiguille se stabilise. Voilà qui devrait permettre de vous orienter :

→ 7720

Ces lianes mesurent quatre à cinq mètres. Elles paraissent solides, et sont suffisamment souples pour servir de cordes.

→ 7798

À l'aide de votre arc, vous pouvez tirer des flèches à des distances de plusieurs dizaines de mètres. Pour viser un objet en particulier, il vous suffit d'utiliser la flèche sur l'objet en question.

→ 7850

Il faudrait plutôt placer la gouttière directement sous l'eau !

→ 7880

La liane prend feu au contact de la flamme. Vous essayez alors de la jeter en direction de la forge, mais la liane se consume trop rapidement.

→ 7920

Vous retournez une par une les pierres qui sont tombées du mur. Sur l'autre face, vous remarquez de curieux traits de peinture, les mêmes que ceux qui bordent le trou dans le mur.

→ 7950

Vous admirez votre travail de découpe. Ces gouttières confectionnées à partir des bambous devraient vous permettre de créer un véritable système de canalisations.

→ 8080

En approchant le diamant d'une flamme, dans la Forge du Dragon, le symbole suivant se révèle dans le cristal :

→ 8169

En ouvrant le journal, vous avez la confirmation que vous avez entre les mains le fruit de plusieurs dizaines d'années de recherches portant sur le temple de Wen Sé et le diamant. Avec patience et discipline, l'archéologue dont le squelette gît à vos pieds a collecté toutes les informations possibles sur ces lieux et sur le trésor tant convoité. Plusieurs marque-pages sont disposés au fil du livre, comme autant de repères dans cette profusion de découvertes. Pour vous reporter à une partie du journal en particulier, il vous suffit de consulter le paragraphe correspondant :

→ 8209

En approchant la pointe d'une flèche de la flamme, le bout de la flèche s'embrase ! Vous voilà en possession d'une **flèche enflammée** EN !

→ 8220

La cage n'a vraiment pas l'air d'avoir souffert de sa chute. À l'intérieur, une statuette d'aigle vous observe !

→ 8230

Vous retournez le coffre à la recherche d'un indice ou d'une quelconque inscription, en vain.

→ 8270

Avec une longue liane torsadée suffisamment souple, vous confectionnez un lasso de fortune pour atteindre la défense, à trois mètres au-dessus de vous. Au troisième essai, la boucle du lasso se referme sur la défense. Bien joué ! Vous tirez de toutes vos forces sur la corde et la défense se met à pivoter. Aussitôt, dans un grognement, la dalle qui occupe le centre du piédestal commence à s'élever, formant un **pupitre** P I au milieu de la salle.

→ 8338

Peut-être pourriez-vous couper cette corde à distance pour faire tomber la cage ?

→ 8400

Vous risqueriez de vous brûler !

→ 8430

Utilisez donc vos neurones, plutôt que d'essayer de démolir ce coffre à l'aide de pierres !

→ 8490

Les textes anciens qui mentionnaient le diamant de Wen Sé n'avaient pas menti : cette pierre, de la taille d'une balle de tennis, est d'une pureté absolue, sans la moindre inclusion. Elle doit valoir une fortune !

→ 8519

Ce n'est certainement pas avec de telles idées que vous parviendrez à sortir de ce temple...

→ 8550

Vous devriez d'abord essayer de trouver un moyen de couper ces bambous, car ils semblent solidement enracinés dans le sol.

→ 8840

De toute vos forces, vous tentez de faire bouger l'éléphant, et la paroi entre ses pattes avant, en vain... Il doit y avoir un mécanisme caché pour parvenir à débloquer cet accès.

→ 8870

Cette machette, sommaire mais solide, devait être utilisée par le peuple Lawa'o pour se frayer des chemins dans la jungle.

→ 9000

Grâce à l'eau de la fontaine et à vos canalisations de fortune, le puits se remplit progressivement. Au bout de quelques minutes, vous réalisez que l'objet que vous aviez aperçu au fond du puits était en fait un **coffre en bois** CE. Flottant à la surface de l'eau, il est maintenant à votre portée !

→ 9001

Vous étalez un peu de terre sur le pupitre, espérant pouvoir faire apparaître quelques symboles cachés, mais vous faites visiblement fausse route.

→ 9016

Vous placez la statue à l'effigie du volatile sur le socle, à un emplacement précis destiné à accueillir les deux pattes de l'animal. Aussitôt, la lumière en surplomb se réfléchit sur les yeux-miroirs de la statue et illumine, par l'intermédiaire de faisceaux de couleur rouge et bleue, deux symboles bien précis parmi ceux dessinés sur les pierres du mur du fond :

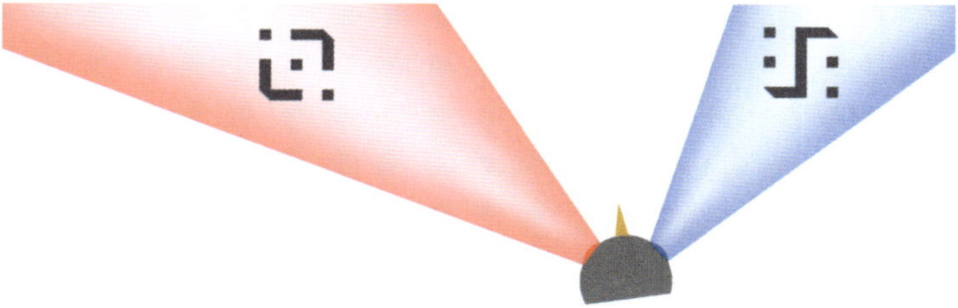

Quelle combinaison vous permettra d'actionner le mécanisme d'ouverture de la porte ?

→ 9030

Ces pierres sont celles qui se sont détachées du mur que vous avez enfoncé pour pénétrer dans la salle. Sur le mur en question, de ce côté de la paroi, vous remarquez justement quelques traits de peinture sur les bords du trou que vous avez percé :

→ 9060

Vous immergez à tout hasard la statue dans l'eau de la fontaine, mais rien de particulier ne se produit.

→ 9080

La forge est beaucoup trop chaude !

→ 9108

On dirait qu'il y a quelque chose au fond de ce puits. Comment pourriez-vous vous y prendre pour le remplir, sachant que la fontaine se trouve à plusieurs mètres de distance ?

→ 9220

La cage de métal est suspendue dans les airs, à plus de quatre mètres de hauteur, au moyen d'une **corde** C0 attachée à la voûte de la salle.

→ 9234

Vous a-t-on déjà dit que vos idées étaient parfois tirées par les cheveux ?

→ 9260

Vous observez la statue sous tous les angles et vous remarquez que les yeux du volatile sont en fait constitués de petits miroirs de couleur. Au toucher, vous réalisez également que la statue est faite de cire.

→ 9290

Vous regagnez la salle du Puits du Crabe et plongez le diamant dans l'eau de la fontaine. Sur la surface de la pierre, vous voyez le symbole suivant apparaître :

→ 9320

Ces bambous sont solidement enracinés dans le sol. Vous ne parviendrez pas à les casser à mains nues.

→ 9610

Vous tirez de toutes vos forces sur les bambous pour tenter de les déraciner, en vain...

→ 9814

Vous approchez le journal de la lumière, espérant peut-être qu'un texte secret apparaisse. Malheureusement, c'est un échec...

→ 9898

Vous décrochez une flèche en direction de la sculpture d'éléphant, sans succès...

→ 9967

Ce coupe-coupe bien tranchant devrait vous permettre de sectionner un autre objet.

→ 9990

Maintenant que ce pupitre a émergé du piédestal central, impossible de le faire bouger d'un centimètre.

CONCLUSION

Attention ! Ne lisez le paragraphe suivant que si vous y avez été expressément invitée !

À bout de souffle, le visage et les bras griffés par les branches, vous atteignez la rive après une folle course dans la jungle.

Au milieu du fleuve, le pilote s'active déjà à faire chauffer le moteur de son hydravion. C'était moins une ! À quelques minutes près, vous vous retrouviez seule, au milieu de la jungle, à la tombée de la nuit. Et même le diamant le plus précieux de la planète n'est d'aucune valeur pour quiconque se retrouve perdu en pleine forêt...

Après avoir attiré l'attention du pilote par de grands signes des bras, vous rejoignez à la nage l'hydravion et prenez place à l'arrière. Les moteurs se mettent à vrombir et, après une courte glisse sur la rivière, l'avion commence à prendre de l'altitude.

Alors que vous survolez la jungle, passant juste au-dessus de l'emplacement du temple, vous ressortez de votre besace le diamant de Wen Sé.

Dans votre main, la pierre précieuse scintille aux derniers rayons du soleil. Vous repensez alors avec émotion à votre père, qui avait dédié toute sa vie avant vous à cette quête, et qui aurait tant aimé vous voir tenir ce joyau.

Dans cet hydravion qui vous emporte vers d'autres aventures, vous savourez enfin pleinement votre victoire, déjà prête à vous consacrer à la recherche de nouveaux trésors.

Votre score

Pour calculer votre score, basez-vous sur votre chrono et sur le nombre d'indices utilisés au cours de la partie :

• Si vous avez terminé l'aventure :

	Moins de 60 min	Moins de 80 min	Moins de 100 min	Plus de 100 min
Aucun indice	★★★★★	★★★★⯨	★★★★☆	★★★☆☆
1 indice	★★★★⯨	★★★★☆	★★★⯨☆	★★⯨☆☆
2 indices	★★★★☆	★★★⯨☆	★★★☆☆	★★☆☆☆
3 indices ou +	★★★⯨☆	★★★☆☆	★★⯨☆☆	★⯨☆☆☆

• Si vous n'avez pas terminé l'aventure : vous ferez mieux une prochaine fois !

SOLUTIONS

Salle S1 - La Tanière de l'Éléphant

EXEL (1050) - L'examen de la sculpture d'éléphant vous permet de repérer une **défense** **SE** qui semble mobile.

DESE (2170) - La défense est malheureusement inaccessible.

LISE (8270) - En vous servant de la liane comme d'un lasso, vous parvenez à actionner la défense. Un **pupitre** **PI** se soulève sur la stèle centrale.

DETE (1020) - En creusant la terre, vous découvrez un **sac** **SA**, certainement enfoui par l'explorateur dans un dernier souffle.

EXSA (6570) - Le sac est fermé par un cadenas qui attend une combinaison à 4 chiffres.

DESA (4470) - Au dos du sac, vous découvrez des symboles asiatiques brodés. En les regardant à l'envers, vous réalisez qu'il s'agit en fait de lettres qui forment les mots « mille douze » : vous détenez la combinaison du cadenas !

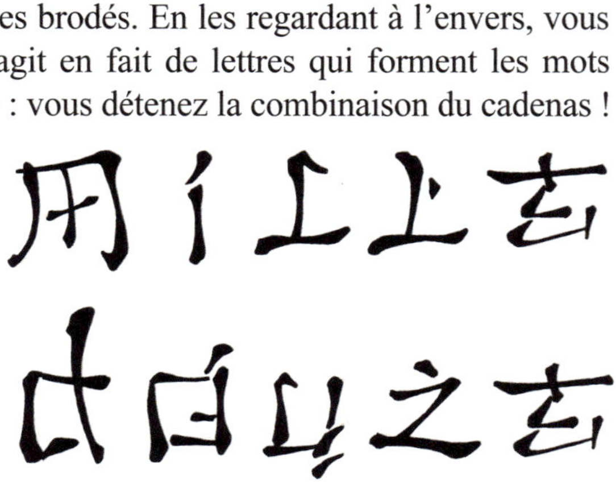

1012 - Vous parvenez à ouvrir le sac, et vous découvrez à l'intérieur un `journal` JO et une `boussole` BO.

EXPI (**2101**) - En périphérie du pupitre, huit symboles sont gravés sur des dalles qui peuvent s'enfoncer, mais dans quel ordre procéder ? Au centre, un dessin vous incite à déposer la boussole sur le pupitre.

BOPI (**7699**) - L'aiguille se stabilise et vous permet de savoir quels symboles correspondent à quels points cardinaux.

OUJO (**8169**) - Plusieurs marque-pages sont glissés dans le journal. Vous vous référez à la page correspondant à la Tanière de l'Éléphant (**1297**).

1297 - Vous apprenez que le nom du temple, WEN SÉ, est la clé pour déverrouiller la porte de la première salle. Vous le décomposez en 4 points cardinaux : W – E – N - SE.

Les symboles identifiés peuvent se traduire en chiffres grâce à la page **521** du journal.

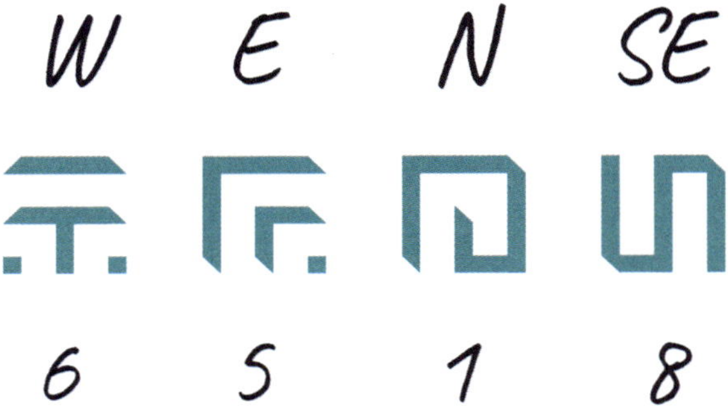

6518 - En appuyant sur les dalles correspondantes, vous accédez à la deuxième salle.

Salle S2 - Le Repaire de l'Aigle

EXCA (**9220**) - Vous distinguez une statue à l'intérieur de la cage, laquelle est retenue par une **corde** CO.

OUCA (**4690**) - La cage est inaccessible.

FECO (**4209**) - Vous tirez une flèche sur la corde. La cage s'écrase sur le sol : vous devez dorénavant retirer **1000** à toutes les actions concernant cette cage. Pour l'ouvrir, vous vous reportez désormais au paragraphe **3690** = **4690** (OUCA) – **1000**.

3690 - à l'intérieur de la cage, vous récupérez une **statue de cire** TA représentant un aigle.

EXTA (**9260**) - Vous remarquez que la statue est en cire et que les yeux de l'aigle sont constitués de petits miroirs colorés.

EXDA (**3350**) - Sur le sol, un labyrinthe de dalles s'étale sur une dizaine de mètres. Vous ne pouvez vous déplacer qu'en suivant la direction matérialisée par les flèches. Le cheminement possible est le suivant :

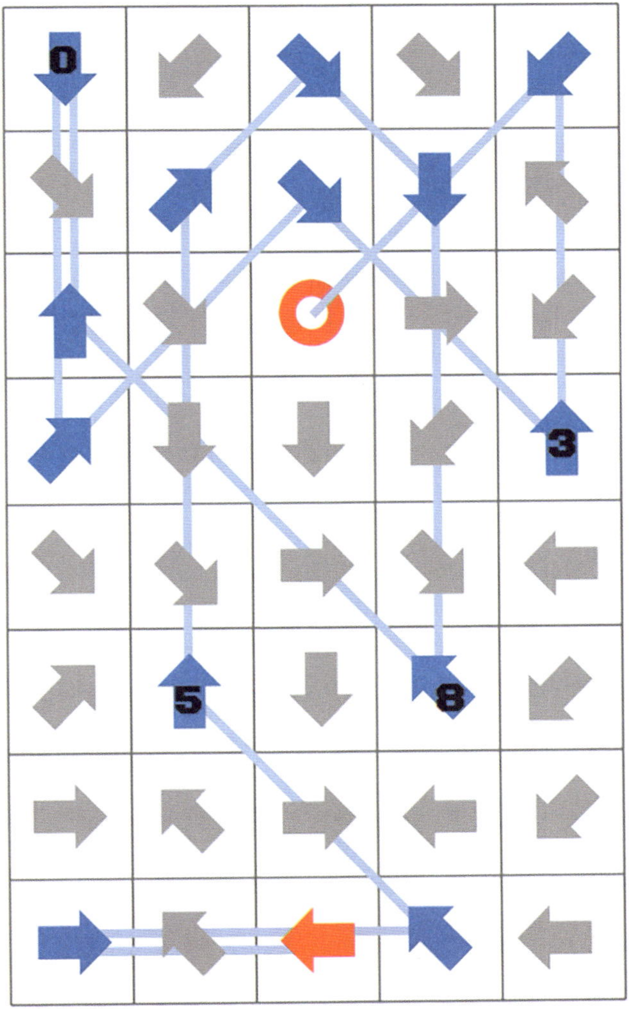
0
3
5
8

5803 - Vous parvenez à franchir le labyrinthe et à accéder au fond de la salle, où se trouve un **puits de lumière** **LU** naturelle qui illumine un socle.

TALU (**9016**) - Vous placez la statue à l'effigie du volatile sur le socle. La lumière se réfléchit dans les yeux de l'oiseau et illumine 2 repères par des faisceaux rouge et bleu.

Grâce aux indications contenues dans le journal (chapitre relatif au Rayon de l'Aigle, paragraphe **981**), vous savez que vous devez vous reporter aux chiffres correspondant à ces couleurs : ROUGE - VIOLET - BLEU - VIOLET.

Le symbole mis en évidence par le rayon rouge correspond au chiffre 3 (se reporter à la correspondance symboles / chiffres du paragraphe 521). Celui illuminé par le faisceau bleu correspond au chiffre 4. En superposant les deux symboles en question pour former la couleur violet, on obtient le symbole correspondant au chiffre 7 (qui est justement la somme de 3 et 4). Le code attendu est donc **3747**.

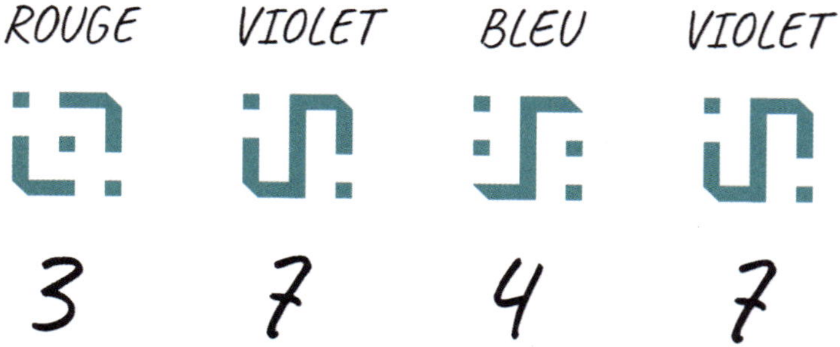

3747 - Vous parvenez grâce à ce code à déverrouiller l'accès à la **salle** S3.

Salle S3 - Le Puits du Crabe

EXPU (**0280**) - Au fond du puits, vous distinguez un objet en bois. Il est pour l'instant inaccessible.

EXMU (**5650**) - Le mur montre des signes de fragilité.

DEMU (**2550**) - Pour autant, vous ne parvenez pas à l'enfoncer. Il faudrait trouver un moyen d'humidifier les jointures des pierres.

EXFI (**6320**) - À l'intérieur de la vasque de la fontaine, des symboles inconnus attirent votre attention au niveau de la ligne de flottaison. Si la vasque était remplie, la partie supérieure des symboles se refléterait dans l'eau, pour former 4 chiffres :

0813 - Cette combinaison permet d'activer la fontaine d'où s'écoule de l'**eau** **EA**.

EAMU (**6450**) - En appliquant de l'eau sur le mur, vous accentuez la fragilité de l'enduit. Pour toute action réalisée sur le mur, il faut désormais soustraire **2000**. Pour tenter de le déplacer, vous vous reportez donc au paragraphe **0550** = **2550** (**DEMU**) – **2000**.

0550 - Le mur s'effondre sous vos coups d'épaule et vous accédez à la **salle** **S4**.

Salle S4 - La Forge du Dragon

0728 - Cette page du journal vous incite à regarder les pierres tombées du mur lors de votre entrée dans la salle, pour raviver la flamme du Dragon.

EXPE (**9030**) - Sur le mur d'où proviennent les pierres, vous remarquez des marques blanches.

DEPE (**7920**) - Au dos des pierres, vous remarquez également plusieurs traits. En vous fiant au contour du trou dans le mur et en replaçant les pierres à leurs places initiales, vous reconstituez le code **5213**.

5123 - Une **flamme** FA jaillit alors de la stèle de pierre.

FEFA (**8209**) - Vous allumez la pointe d'une flèche avec la flamme et obtenez ainsi une **flèche enflammée** EN.

ENFO (**1346**) - La forge s'embrase (pour toute action mettant en jeu la forge, il faut désormais se rapporter au paragraphe correspondant au **double** de la révélation initiale) et la grille s'ouvre. À côté de la forge, vous découvrez une **machette** MA.

MABA (**2870**) - Dans la salle du puits, vous pouvez découper des portions de bambous. Vous obtenez ce qui s'apparente à des **gouttières** GO.

GOEA (**7500**) - Vous canalisez l'eau grâce à une première gouttière.

GOPU (**1500**) - Vous dirigez une seconde gouttière vers le puits.

En additionnant les deux paragraphes pour symboliser la jonction des gouttières, vous obtenez la combinaison **9000** = **7500** + **1500**.

9000 - Le puits se remplit et vous permet d'accéder à un coffre **CE**.

EXCE (**1430**) - Sur le coffre, vous distinguez un ensemble de signes gravés.

Cela fait écho à une section du journal trouvé plus tôt, qui mentionnait le Coffre du Crabe (paragraphe **1522**).

1522 - Cette succession de flèches vous indique comment vous déplacer parmi les symboles gravés sur le coffre. Le symbole de départ à considérer est celui encadré. Il faut ensuite se déplacer de symbole en symbole en suivant à chaque fois le nombre de flèches indiqué. Grâce au journal (paragraphe **0521**), vous obtenez la traduction qui permet d'ouvrir le coffre.

3218 - À l'intérieur du coffre, vous découvrez un parchemin qui vous indique que le diamant est déjà entre vos mains. Il vous révélera la combinaison de la sortie en étant confronté aux différentes forces élémentaires.

Pour approcher la statue de cire de la forge éteinte, vous devez en temps normal vous reporter à la combinaison **2000** (TUFO). La forge étant désormais allumée, vous devez multiplier ce nombre par deux.

4000 - En rapprochant la statue de la forge allumée, la cire fond et libère le **diamant** DI.

Les animaux emblèmes des quatre salles indiquent, par le nombre de leurs pattes, l'ordre dans lequel le diamant doit être confronté aux forces élémentaires. Il faut donc commencer par la lumière (2 pattes pour l'oiseau), la terre (4 pattes pour l'éléphant), le feu (6 pattes pour le dragon) et terminer par l'eau (10 pattes pour le crabe).

DILU (**2039**) - Exposé à la lumière, le diamant laisse apparaître le symbole correspondant au chiffre 4.

DITE (**5490**) - Saupoudré de terre, on distingue le symbole correspondant au chiffre 6.

DIFA (**8080**) - À la lueur d'une flamme, on peut voir se former un symbole qui correspond au chiffre 0 à travers le diamant.

DIEA (**9290**) - Plongé dans l'eau, le symbole correspondant au chiffre 5 se révèle.

4605 - Vous parvenez à sortir du temple, emportant avec vous le diamant de Wen Sé !

D'autres aventures en ESCAPE GAME de poche :

Dans les griffes de la Mafia

Nicolas Trenti

Votre planque au domicile de Don Gravedone, le parrain de la pègre, a mal tourné : vous vous réveillez avec un sérieux mal de tête dans le bureau du mafieux. Bien entendu, la pièce est fermée à double tour et les hommes de main du Boss vont revenir pour vous régler votre compte d'ici une heure...

128 pages

Dédale temporel

Nicolas Trenti

Vous, le Dr Brown, prix Nobel de physique théorique, spécialiste des univers de Gödel, vous voilà dans une bien fâcheuse posture : chloroformé à la sortie de l'université, vous vous réveillez sur une table d'opération auprès d'un scientifique en blouse blanche que la raison semble avoir abandonné. Et le savant fou vous enferme à double tour...

128 pages

Traque sur le Web

Nicolas Trenti

Votre cellule anti-cybercriminalité est à la poursuite d'un dangereux hackeur qui va faire exploser une bombe à impulsion électromagnétique dans une heure. La ville risque de plonger dans le chaos. Pour traquer ce déséquilibré, vous devrez fouiller des ordinateurs, pirater des badges électroniques, cracker des codes informatiques... C'est un duel de geeks qui se profile !

128 pages

Meurtre au manoir

Nicolas Trenti

Un drame est survenu au manoir Doyle. Votre ami, William Haynes, vient d'être assassiné dans son bureau. Parmi ses invités, qui peut être le coupable ? La séduisante Miss Parker ? Mrs Curry, l'amatrice d'art ? Le colonel Waddington, ancien officier de marine ? Ou le Dr Pratt, pianiste renommé ? En bon détective vous devrez parcourir les pièces du manoir pour dénicher des indices, questionner les suspects, trouver les armes et l'heure du crime... Vous avez dit « élémentaire » ?

128 pages

Piégé à Arkham

Gilles Saint-Martin et Nicolas Trenti

Votre rendez-vous d'affaires à Arkham vire au cauchemar : votre voiture tombe en panne, vous vous perdez dans une forêt lugubre... et votre seul refuge sera aussi votre prison ! Les membres du clan qui vous retient sont des adorateurs de Cthulhu et autant vous dire qu'ils ne plaisantent pas... Si vous ne trouvez pas un moyen de fuir, votre heure est venue !

128 pages

Perdu dans MEGA GAME

Nicolas Trenti

Ton meilleur ami, Tom, a disparu depuis 24 heures. Dans sa chambre, la vieille console vintage qu'il a dénichée au grenier est encore allumée... Tout cela te paraît bien étrange, à l'image des derniers sms que Tom t'a envoyés. Ces jeux vidéo rétro ne sont-ils pas la clé du mystère ? Es-tu prêt à plonger au cœur de MEGA GAME pour retrouver ton ami ?

À partir de 11 ans • 128 pages

PAPIER À BASE DE
FIBRES CERTIFIÉES

LAROUSSE s'engage pour
l'environnement en réduisant
l'empreinte carbone de ses livres.
Celle de cet exemplaire est de :
450 g éq. CO_2
Rendez-vous sur
www.larousse-durable.fr

Achevé d'imprimer chez STIGE en Italie
Dépôt légal janvier 2020 – 324777/02
N° projet : 11045220 – juillet 2020